JN441224

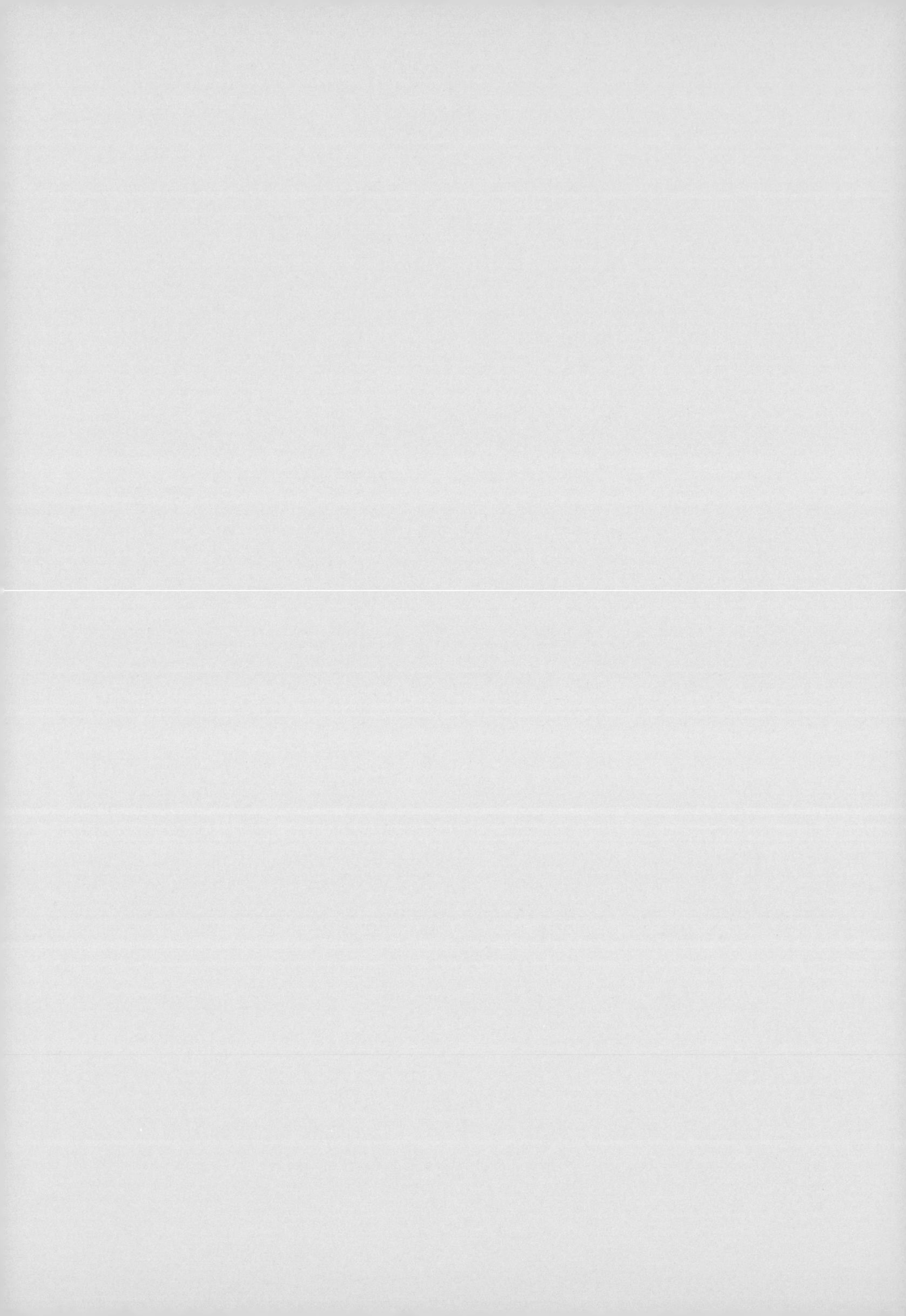

시로 읽는 천년의 시간

어느 날 당신이 이 길로 오신다면

어느 날 당신이
이 길로 오신다면

초판 1쇄 인쇄 2025년 12월 13일
초판 1쇄 발행 2025년 12월 13일

지은이 김가연
펴낸곳 도서출판 가야
주소 충남 서산시 연당1로 3-6
출판등록 제 13-05-11-34호
전화 041)667-6400
팩스 041)667-7458

ISBN 978-89-91225-05-3 03810
정가 15,000원

* 본도서는 충청남도, 충남문화관광재단의 지원으로 발간되었습니다.

시로 읽는 천년의 시간

어느 날 당신이 이 길로 오신다면

서산용현리마애여래삼존상, 보원사지 천년의 빛으로 물들다

김가연 디카시집

시인의 말

허공의 층층에 박힌 달빛으로 귀를 씻는다.

2025년 12월 **김가연**

Poet's Note

With moonlight embedded in the layers of the void, I cleanse my ears.

December 2025 Kim Gayeon

차례

시로 읽는 천년의 시간

어느 날 당신이 이 길로 오신다면

제4부 — 백제의 미소길 / 095

1부 보원사지

Part 1: Boweonsa Temple Site

돌탑을
쌓는 사람

——

The One
Who Stacks Stones

돌탑을 쌓는다 돌은 돌을 받들고 새로운 돌이 된다
햇살이 쏟아진다 심장이 뛰고 피돌기를 한다

돌은 돌이 되고 서로의 숨소리를 듣는다

한 덩어리 침묵을 들어 올린다 돌은 가벼워지고 돌은 보이지 않고 돌이 앉았던 자리가 빛나고 새가 날고 돌은 돌을 받들고

돌이 자라고 이끼가 자라고 몇 번이고 다시 자란 돌이 차오르고 돌을 나르는 이도 없는데 돌탑을 쌓고

돌은 돌을 받들고 서로의 숨소리를 듣는다 돌을 쥔 당신의 손금이 빛난다

He stacks the stones. Each stone upholding another, becoming new. Sunlight spills, the heart begins to pound, and the veins awaken.

Stone becomes stone, and listens to the other's breath.

He lifts a mass of silence. The stone grows light, becomes unseen; the place where it sat begins to glow. A bird takes flight, and the stone upholds another.

The stone grows, the moss grows, again and again the stone rises, though no one carries it. A tower stands.

Stone upholds stone, each hearing the other's quiet breath. In your hand, holding the stone, your palm lines begin to shine.

당간
지주

The Stone
Pillars of the Temple Gate

허물만 남아 가벼워라
슬픔도 없는 몸

그리움조차 다 비워낸
바람의 속울음

Only ruins remain, light as air,
a body without sorrow,

Even the longing has been emptied,
a mournful whisper of the wind.

무용無用

Uselessness

별은 자랄수록 더 많은 울음이 필요하다
세상 모든 초록과 모든 꽃 사라질 때까지

The stars need more tears as they grow,
Until all the green of the world, and every flower, fades away.

풀밭에
모인 사슴들

Deers Gathered in
the Meadow

사슴의 무리가 풀밭에 모였다

길에도 귀가 있다고 믿는 아이들은 사철나무 잎 같은 귀를 열어 둔 채
애써 잠이 들고 어린 새들은 저녁 하늘을 곧잘 물어오기도 하였다

그해 봄 사슴들은 달의 문장을 베껴 쓰며 젖은 귀를 말렸다
미열의 별들은 아무 자랑도 되지 못한 채 원시림 속으로 떠나고
쓰다 만 문장들은 사슴의 귓속말이 되었다

무용한, 무용한, 무용한 이름, 변방의 별, 변방의 사슴들

봄날을 넘기다 말고 풀밭에 모인 사슴들은 한동안 바람의 증언이 되었다

* 보원사지 발굴유물 : 보원사지 발굴조사는 2006년부터 2017년까지
  국립부여문화재연구소에서 진행했다.

A herd of deer gathered in the meadow.

Children, believing even the road has ears, slept with their evergreen-leaf ears open. Young birds often fetched pieces of the evening sky.

That spring, deer copied the script of the moon and dried their wet ears.
The feverish stars, no longer a pride to anyone, left into the primeval forest.
Half-written sentences became the deer's whisper.

Useless, useless, utterly useless names, frontier stars, frontier deer.

Halfway through spring, those deer gathered in the grass became the testimony of the wind.

천년의 시간
- 눈 내린 보원사지

A Thousand
Years of Time

산문 밖,
등뼈만 남은 저 우두커니

먼 산
눈발 긋고 가는 달의 폐사지

Outside the prose,
Only the spine remains, standing alone,

Far mountains,
the moon tracing the snowflakes, a ruined temple.

김가연

어느 날 당신이 이 길로 오신다면

보원사지 오층석탑,
팔부중상 八部衆像

—

The Five-Story Stone Pagoda at Boweonsa Temple, Eight Guardians

들판을 열고 오는 비
산뽕나무 아래
돌무덤 적시네

Rain opens the fields,
Beneath the mountain mulberry tree,
A stone tomb is soaked.

빈칸
- 금당터

The Empty
Space

그러고도 나는 다시 그날을 생각한다
보원사 뜨락의 앵두나무와 앵두꽃에 앉은 나비와
햇살보다 반짝이던 먼 나라를
마치 처음부터 그랬던 것처럼
저 혼자 세우는 수많은 곡두를

Yet still, I think of that day again,
The cherry tree in Boweonsa's courtyard, the butterfly on its blossoms,
A distant land shining brighter than sunlight,
As if it had always been that way,
A thousand stories erected alone.

법인국사
보승탑

Stupa of Beopin,
National Preceptor

산비둘기 울음 속
두고 온 하늘

꿈 깨서도 생각나는
뒷 뜰 봄까치꽃

The mourning dove's call echoes,
The sky I left behind,

Even after waking from the dream,
The spring magpie flowers in the back garden.

법인국사
보승탑비

Stela of Beopin Guksa

저녁까지 우는 새
온종일 한 음절만

느티나무 위에서
날아갈 줄 모르네

The bird cries until dusk,
repeating one syllable all day,

Not knowing how to fly
from the zelkova tree.

보원사
감나무

The Persimmon
Tree of Boweonsa

민들레가 봄을 열었다 닫는다
옥수수밭으로 날아가는 새 떼

The dandelions open and close in the spring,
A flock of birds is flying to the cornfields.

석조

Stone
Buddha

잣냉이 꽃다지
서로 어우러져

버들개지 여울
둥실 떠오르는 달

용현계곡에
시린 발목 적시며

소쩍소쩍
쌀 씻는 소쩍새

The pine flower blooms,
Intertwining with each other,

The willow's stream,
The moon rising softly,

In Yonghyeon Valley,
The cold water kissed my ankles,

The cuckoo softly calls,
Washing the rice.

저무는
강

River at
Dusk

흐르는 당신
흘려보내는 당신
거기,
차곡차곡 쌓이는
묵언의 시간

You, flowing,
Me, letting go,
There,
The silent time accumulates,
Layer upon layer.

만월

The
Full Moon

빼꾸기 울어
만월이 뜨네
그다음은 물소리

The cuckoo sings,
The full moon rises,
And then the sound of water follows.

어느 날 당신이
이 길로 오신다면

One Day,
If You Walk This Path

당신이 아니라면
무엇이라 말할까

굽은 길 언덕 넘어
허물 벗어두고

이승 아니면 저승
제비꽃 피는 날에

If it is not you,
What shall I say?

Beyond the curved hill,
I lay down my old skin,

Whether here or beyond,
On a day when violets bloom.

돌의
시간

The Stone's Time

잠자는 돌
깨어나는 돌

안개처럼
천둥처럼

그대에게
빌려 온 하루

The sleeping stone,
The waking stone,

Like mist,
Like thunder,

A borrowed day,
Just for you.

2부 서산용현리마애여래삼존상

Part 2: Rock-Carved Buddha Triad in Yonghyeon-ri, Seosan

서산용현리
마애여래삼존상

Rock-Carved Buddha Triad in
Yonghyeon-ri, Seosan

부화한 나뭇잎 온 산 메아리쳐
가야산에 번지는 꽃불

천년을 피었다 지고
다시 피는 진달래

The leaves that hatched echo through the mountain,
The flower fire spreading across Gaya Mountain,

A thousand years bloom and wither,
The azaleas bloom again.

강댕이
미륵불

Gangdaengi
Maitreya

용현에 이르러
물의 방언을 듣는다
돌의 꽃이라 했다
길의 곡두라 했다
수관 위로 달 뜨고
산딸나무에 별 뜨면
산까치 깃털 추려
무덤에 올린다

Upon reaching Yonghyeon,
I hear the language of water,
It was called the flower of stone,
The curve of the road,
Above the canopy, the moon rises,
When the stars appear on the mulberry tree,
The magpie's feathers are plucked,
Placed on the grave.

부동의 자세

- 쥐바위

Posture
of Stillness

가야산 인바위 아래
외따로 비켜앉아
척설의 밤이나
염천 삼복에도
팔풍을 품은 채
들썩이거나 미동도 없이
마치 고요와 같이
꿈쩍없는

저, 단단한 침묵

Under Gayasan Inbawi Rock
alone, set aside,
through snow-laden nights
and the dog days of summer,
it holds the eight winds within—
neither trembling nor shifting,
still as silence itself.

That, that solid silence.

인바위

Inbawi

새 풀빛 깨우는
접동새 울음

봄의 살피마다
푸른 잎의 정맥들

빗방울도
꽃나비도

앵두빛 새벽하늘
산벚꽃 따라왔다

The cry of a cuckoo
awakens the tender green.

In every vein of the leaf,
spring's breath runs clear

like raindrops,
like butterflies,

the dawn blush of cherries
follows the mountain blossoms.

강당골 사람들

People of Gangdang Valley

언 발자국 위로 새 발자국 포개며 눈발 추리는 강당골
아무리 고쳐 읽어도 차마 흐려지는 궁극의 당신

New footprints overlap old ones, clearing the falling snow in Gangdangol.
No matter how many times I read it, the essence of you fades beyond reach.

나비를
보다

Watching a Butterfly

팽이 치던 아기 스님
고개 들어 바라보네
날아가는 나비

The young monk playing with a top,
Looks up and sees,
A butterfly flying away.

김가연 / 어느 날 당신이 이 길로 오신다면

물푸레
나무

Ash Tree

어찌 잊었겠는가
천둥을 품거나 꽃눈을 띄우거나
눈썹과 반달 사이
강 건너 오는 사람

How could I forget,
Whether cradling thunder or blooming flower buds,
Between the eyebrows and crescent moon,
The person crossing the river.

길

The Road

길은 벽이 아니다 그러니 넘거나 부수지 않아도 된다

다만 때죽나무 가지로 뛰어오른 치어 떼가 바람을 흔들고, 종을 치고,
종소리가 뭉게뭉게 길 위에 퍼져 질척이지만

길이 벽이 아니라는 사실은 변하지 않는다

직벽,
밀쳐낼 수 없는 생각이
먼 데서 오는 사람 한참이나 바라본다

A road is not a wall. You need not leap, nor break through.

Just as the minnows rise to the branches of the snowbell tree, stirring wind,
ringing bells, muddying the air with sound.

The truth remains. The road is not a wall.

A sheer cliff,
a thought you cannot push away,
stares long at the one approaching from afar.

용꿈

Dream of a Dragon

전설 속 긴 꼬리를 본다
산사나무에서 파도소리 들린다
용마루를 타고 오르던 낮달이 흔들린다
달에서 빠져나온 당신이 언덕을 넘는다
고립은 풍경 되고 파도는 찔레꽃 되어
한참 바라보다 창백하게 돌아선다
이 길은 도대체 어디서 오는 길일까
꽃 진 자리마다 일어서는 명멸의 시간
저녁 숲에선 산나리꽃 자라고
허물어진 돌탑이 직립의 자세를 닦는다

I see the long tail of a legend,
The sound of waves echoes from the mountain ash.
The midday moon, climbing the ridge, trembles.
You, emerging from the moon, cross the hill.
Isolation becomes the scenery, and waves turn into wild roses.
I gaze for a long time, then turn away, pale.
Where, after all, does this road even come from?
In the places where flowers fell, fleeting moments rise again.
In the evening forest, the mountain lilies grow,
And the collapsed stone pagoda practices upright posture.

어디서
꽃을 보나

Where Do
You See Flowers

용현은 봄빛인데
어디서 꽃을 보나
길 떠난 아이

Yonghyeon is in spring light,
Where do I see the flowers?
The child has gone on the road.

에스원
SECOM
65-13

우리가 이별을 이야기하는 동안

While We Talk About Farewell

슬픔의 등을 오래 본다

그것은 날카롭고
그것은 피 흘리고
그것은 눈부신 별

빗소리가 나지막한 목소리로 속삭인다

모험을 걸어봐!
안녕은 말하지 않아도 돼!

오리나무가 두 손을 모은 채
뭉툭한 문을 당긴다

I look long at the back of sorrow,

It is sharp,
It bleeds,
It is a dazzling star.

The sound of rain whispers,

Take the adventure!
You don’t need to say goodbye!

The willow tree with its arms folded,
Pulls the blunt door open.

뿌리

Roots

아버지가
한 생을 내리는 중입니다

낮은 말씀이 장대하기를
굽은 어깨가 아름답기를

바닥을 딛고 일어서는
말씀의 서원입니다

My father
is in the midst of passing down a life.

May his humble words grow mighty,
and his bent shoulders be beautiful.

It is a vow of words,
rising from the ground.

천년의 기도

A Thousand Years of Prayer

어떤 날은 낯설고 어떤 날은 다정하여
내일이 올 거라 믿네
사랑은 허름하고 이별은 더 허술하여
당신의 얼굴 낯서네
긴 그림자 저녁을 업고 오네
살구나무 따라오네

Some days are strange, some days are familiar,
I believe tomorrow will come,
Love is worn, farewell even more frayed,
Your face is distant,
The long shadow carries the evening,
Following the apricot tree.

산신각
에서

In the Mountain Spirit's Shrine

느린 날
느린 사람
한데 모여
이야기 한다

풀벌레 소리만
길고 짧아라

Slow days
Slow people

Gather together
And tell their stories

Only the insects' sounds
Are long or short.

3부 용현계곡

Part 3: Yonghyeon Valley

물은 물의 손을 잡고

Water Takes Water's Hand

물은 발이 없고 물은 숨결이며 돌을 만지다 손을 데었다 물은 물로 포개어 흐르고 물은 물을 딛고 하얗게 일어서고

물이 자라는 밤은 깊고 물은 위아래로 흐르고 어느 날은 멈추고 어느 날은 흘러서 물결 따라 집으로 가고

물은 약속인데 바람 부는 허공은 손짓인데 물은 물이고 물은 물속으로 들어가 물의 꿈을 꾸고

물을 감싸는 돌이 있다
이끼가 자라고 물의 노래를 부르고 물을 향해 뒤돌아보면

물을 만나기 위해 한 생을 흐르는 물의 이야기는 온통 물빛으로 젖고 물을 물의 얼굴로 생각하고 나는 점점 단단해지기로

어느 곳에 이르러
물이 물을 도닥이기도 하고 물의 이야기로 되살아나고

물은 물의 손을 잡고
얼음 속에서도 물로 포개어 흐르고 있다

Water has no feet. It is breath. Touching the stone, it burns its hand. Water folds upon water, steps upon itself, and rises white.

The night when water grows is deep. Some days it stops, some days it flows, always returning home along its current.

Water is a promise. The wind in the void is a gesture. Water enters water and dreams a dream of water.

There is a stone that holds the water.
Moss grows, and a song of water spreads. If I turn to look back,

a life that flowed to meet the water is soaked entirely in its light. I decide to grow firm, thinking with the face of water.

At some point,
water soothes water, and is reborn as its own story.

Water takes water's hand,
and even within ice, flows, folded upon itself.

멈추지
마라

Do Not
Stop

멈추지 마라
멈추지 말고 가라
가서, 큰 숨이 되라
죽음보다 깊은 불길이 되라
불길이 되어 이별보다 먼저 오라
그리하여
아무 일도 일어나지 않은 첫날이 되라
세상에 열렬하게 겹쳐있는 천년이 되라
바윗돌 쓰다듬는 풀밭으로 가서
풀밭에 잠든 꽃신이 되라

Do not stop.
Go on without stopping.
Go, and become a great breath.
Be a flame deeper than death.
Come before farewell itself.
And thus,
be the first day when nothing has yet begun.
Be the thousand years passionately folded into this world.
Go to the meadow that strokes the rock,
and become the pair of flower shoes asleep there.

여름 천변川邊

Summer by the Riverbank

천변川邊의 미루나무는 물소리를 먹고 자란다

한나절 오다 그친 비가 산 중턱에 서 있다 아이들은 알몸으로 물에 뛰어들었고 봉숭아 꽃씨 같은 별들이 서쪽 하늘에서 빛났다

강물을 거슬러 오르는 귀울림에는 계산이 서툰 분식집이 있고 병명이 달라도 같은 약을 지어주는 약방이 있고 약봉지를 입에 털어 넣는 방죽머리 집 계집아이가 있고 벗어놓은 신발에서 자라는 은사시나무가 있고 그 아래 풀지 않은 이삿짐이 있고 햇살을 받는 봉분이 있다

강물이 두 손을 모은 채 잠이 들고 머릿결을 다듬던 손으로 별자리를 돌리면 살아서 하고픈 말이 죽어서 혼잣말을 했다

강물이 물고기의 흰 뼈를 끌어당긴다 푸른 반점의 아이가 빙하기를 건넌다

The poplars by the river grow on the sound of water.

After a short rain that lingered on the mountain's waist, children threw their naked bodies into the stream, and seeds of balsam, like stars, lit up the western sky.

In the echo that climbs the current, there is a clumsy snack bar, a pharmacy that gives the same medicine for every name of pain, a girl at the dam's edge swallowing her pills. Under her shoes, a silver poplar grows. Beneath it, unpacked boxes, and a grave mound basking in sun.

The river folds its hands and falls asleep. When one combs the constellations with the same hand that smoothed the hair, the words meant for life turn into whispers for the dead.

The river pulls the white bones of fish. A blue-spotted child crosses the Ice Age.

느리게
오는 봄

The Slow
Coming of Spring

참 느리게도 온다 하셨습니다
참 천천히도 온다 하셨습니다
그래도 꾸짖지 않으시니
그래그래 기다리시니
봄이 옵니다 꽃이 핍니다

You said it comes slowly.
You said so very slowly.
Yet you did not scold,
yes, you waited.
And so, spring comes. Flowers bloom.

접면
- 목련

Plane of
Contact

피안의 첫 문장,
청어무성聽於無聲의 흰 손

The first sentence of the other shore,
a white hand that listens to silence.

용현계곡
- 송화

Yonghyeon
Valley

봄의 첫 소절입니다

앓다 잠든 이마에
얹어주는 손입니다

바위를 뚫고 오는
초록의 손금입니다

고개 돌려 바라보며
징검돌 건너는 사람입니다

The first line of spring.

A hand laid upon
a fevered brow.

The green palm lines
breaking through the rock.

Turning your head,
you cross the stepping stones.

용현계곡

- 물버들

Yonghyeon
Valley

수만 광년 달려와
가지마다 달아놓은
성성한 기도문

From light-years away,
each branch hangs
a bright prayer.

달꽃

The Moonflower

산 새 울어
눈 뜨는 물고기

용현의 달꽃

A mountain bird sings,
The fish opens its eyes,

The moonflower of Yonghyeon.

꽃물
들다

Dyed in
Flowers

물 비친 꽃잎에
뛰어든 고라리

맨발에 꽃물 들어
온 산이 두근대다

A deer leaps
into the petal's reflection.

Bare feet stained with flower-water
the whole mountain trembles.

김기연 / 어느날 당신이 이 길로 오신다면

4월

April

돌아오지 않는 방
돌아오지 않는 나비

어깨 흔들리는 자귀나무

The room that does not return,
The butterfly that does not return,

The shoulders of the twisted tree.

용현의 가을

Autumn in Yonghyeon

짧은 하루
뒤돌아본다

깊어가는
버드나무

A short day,
I look back.

The willow
grows deeper.

김가연 /

단풍
들다

Leaves
Turning Red

함께 붉어 보자 심은 산벚나무, 저 혼자 붉어지네

Let's turn red together. The cherry trees I planted are turning red all by themselves.

용현의 겨울

Winter in Yonghyeon

겨울 강에 섞이는 눈보라
달아나는 바람 소리

Snowstorms mix with the winter river,
The sound of wind fleeing.

천년의 빛
- 고풍저수지

A Thousand
Years of Light

길과 길
물과 물

기어이
한 울음 되었구나

저 너머
천년 빛으로

마침내
하나 되었구나

Roads and roads,
Water and water,

In the end,
They became one cry.

Beyond that,
With a thousand years of light,

At last,
They became one.

용현계곡

- 물소리

Yonghyeon
Valley

가던 길 멈추고 귀 기울이네
조약돌 쓰다듬는 누천년 법어

I stop my path and listen,
The ancient teachings stroking the pebbles.

4부 백제의 미소길

Part 4: The Baekje Smile Path

백제의
미소길

The Baekje
Smile Path

누구인가
봄빛에 어렴풋

부은 발 벗어 놓고
나비 따라가는 이

Who is it,
Faint in the spring light,

Laying bare,
Following the butterflies.

냉이꽃에
앉은 나비

A Butterfly on a
Shepherd's Purse Flower

꽃은 서쪽으로 당신은 북쪽으로 흘려보내는 전생의 붉은 옷깃 사이 나는 다시 태어난다 나는 천천히 흐른다 어제의 수맥을 따라 심해로 가라앉는다 흐린 빛을 간직한 채 젖은 날개를 접은 채 아직 아무것도 아닌 채

풀이 자라고 풀이 기도하고 풀이 일어난다 내게 들어와 살던 것들이 함께 일어난다 숲이 흔들리고 꽃이 수런댄다 누군가 나를 공중으로 집어던진다 무위에 누워 흘러간 물소리 듣는다 다음 생은 거기에 이번 생은 여기에 나비가 그려놓은 피안의 봄을 읽는다

The flower drifts west, you drift north, between the crimson collars of a past life, I am born again. I flow slowly, sink along yesterday's underground veins into the deep sea, keeping the dim light, folding my wet wings, still becoming nothing.

The grass grows, prays, rises. All that once lived within me rises with it. The forest trembles, flowers murmur. Someone throws me into the air. I lie in non-action, listening to the water that has passed. In that place lies the next life, and here, this one. I read the spring of the beyond, drawn by the butterfly.

솔바람길

The Wind in the
Pine Forest

바람이 용현을 지나간다
용현이 당신을 지나간다

The wind passes through Yonghyeon,
Yonghyeon passes through you.

서산
아라

달팽이 숲
-시비

Snail
Forest

오두막집 한 채 지었네
섧던 이름 하나 살았네

붉은 꽃 피는 집
새가 자라는 집
이제는 빈집

*이생진(우), 윤병석(좌) 시비

I built a small hut.
A sorrowful name lived there.

A house where red flowers bloom,
a house where birds grow,
now an empty house.

아라메길
이생진
가면서 정들고
오면서 추억이 되는
아라메길
세월이 닳지 않은
마애삼존불의 얼굴에
너의 미소 활짝 피었다
보원사 오층탑에 앉았던 봉황
개심사 아미타여래랑
해미읍성 저 멀리
도비산 너머 바다를
한숨에 다녀왔는데
너는 지금
아라메길
어디쯤 가고 있니
재경서산시향우회
2010년 7월 10일

방선암

Bangseon
Hermitage

숙제 마친 꽃들 다 돌아가는데
온다던 사람 언제 오나

The flowers that finished their homework have gone home.
When will the promised one arrive

방선암(訪仙岩)
Bangseonam

감나무
경전

The Persimmon
Tree Sutra

강댕이집
감나무
묵언 수행 중

바람이 읽고 가네
감나무 경전

The persimmon tree
at the Gan-dae house,
Silent in its meditation.

The wind reads and passes,
The persimmon tree's scripture.

그것이
허공인지도 모르고

Perhaps It Was Only Air

There were days I walked following my shadow.
When I lay down, the wall opened its eyes.
On the wall were vineyards, zelkovas, giraffes, and deep emptiness.
When I reached out my hand, the void reached back.
(Though I still do not know if it was truly void.)

The void lifts me up.
I take my lover's hand, and together we worship the air.

The void has no doors only fallen petals holding hands with emptiness.

Flowers sing, flowers dance, flowers call me, flowers strike me.
In emptiness, flowers bloom, in emptiness, the moon rises, in emptiness, stars set. The void takes the hand of the void.

The void imprisons me.

Rain falls. My left-handed lover is gone. I, missing my left side,
grope through the sound of rain.

I decide to grow darker.

Snow falls far away.
New words begin to grow in the air.

We are no longer connected by the word "us."

그림자 따라 걷는 날이 있었다
돌아와 누으면 벽이 눈을 떴다
벽에는 포도밭이 있고 느티나무 있고 기린이 있고 깊은 허공이다
손 뻗으면 허공이 손 내밀었다
(사실 그것이 허공인지는 아직도 모른다)

허공이 나를 들어올린다
나는 애인의 손을 잡는다 애인의 손을 잡고 허공에 경배한다

허공에는 문이 없다

다만 떨어져 나간 꽃잎과 허공이 손잡았으므로

꽃이 노래한다 꽃이 춤춘다 꽃이 나를 부른다 꽃이 나를 때린다
허공에서 꽃이 피고 허공에서 달이 뜨고 허공에서 별이 진다 허공이 허공의 손을 잡는다

허공이 나를 가둔다

비가 내리고 왼손잡이 애인이 떠났다 나는 왼쪽을 잃은 채
빗소리를 더듬는다

나는 좀 더 어두워지기로 한다

멀리 눈 내리고
새로 시작한 단어들이 허공에서 자란다

이제 우리는 우리라는 말로 연결되지 않는다

빈집
- 고인돌

Empty
House

초상화도 걸지 않은
빈집에
탱자꽃 피었다

In the portraitless
empty house,
citron flowers have bloomed.

연두

The
Spring Green

목련꽃 아래로 간 소녀들
가뿐한 몸으로 둥실.

Girls beneath the magnolia blossoms,
Floating lightly with their graceful bodies.

나무가 있는 풍경

A Landscape with Trees

죽은 줄도 모르고

제 그림자 지고 가는
저 나무 한 그루

Unaware of death,

that tree carries its own
shadow away.

서산 아라메 길
서산 아라메길
마애여래삼존상 1.2km
2.0km
개심사 입구

가야산
보부상길

The Gaya Mountain
Path of the Peddlers

길에서 만난 사람
나뭇가지 꺾어 지팡이 만드네

The person I met on the path,
Breaking a twig to make a staff.

고 풍 터 널

아득한
도원桃源

The Faraway
Peach Blossom Land

바랄 것 없는 노란 나비
꽃그늘에 하루가 저무네

The yellow butterfly with no wishes,
A day ends under the shade of flowers.

품

Embrace

꺼병이 품어 자는 가야산자락
슬몃, 내어준 산 중 탯자리

The Gyeonggyeong cradle under Gaya Mountain,
Gently, the mountain's lap offers.

김가연 / 어느 날 당신이 이 길로 오신다면

용현
에서

From
Yonghyeon

풀밭에서 의자가 물든다
달빛 흐려져
커지는 풀벌레 소리

In the meadow, a chair takes on the hue of the grass,
The moonlight blurs,
And the sound of insects grows louder.

국보 제84호 서산 용현리 마애여래삼존상
Seosan Yonghyeon-ri Maae Yeorae Samjon sang

그 따스하고
뭉클한

That Warm and Trembling Thing

이름 몰라도
다시 보네
꽃 피기 전
작은 풀잎

Without a name,
I see it again.
Before the flowers bloom,
A small blade of grass.

언젠가
나무들도

Someday,
Even Trees

먼 곳 바라보다
까맣게 눈멀었다

눈발이 발아래로 와서 넘어진다

가지마다 제 숨 걸어두고

언젠가 나무들도 가벼워질 것이다
묽은 햇살로 몸을 씻고

저보다 큰 숨으로
다시, 되살아나면서

Gazing far away,
they went blind in black.

Snowflakes come, fall beneath their feet.

On every branch hangs a breath.

Someday, even trees will grow lighter
washing their bodies in thin sunlight,

Again, revived by a breath
greater than their own.

김가연 / 어느 날 당신이 이 길로 오신다면

천년의
길

A Thousand
Years of Path

길은 천 갈래
울먹울먹 눈이 붓는 길

가야산 비추는 별들의 길

The road splits into a thousand ways,
A path where the snow swells and weeps.

A path lit by the stars of Gayasan.

김지연 / 어느 날 당신이 이 길로 오신다면

고란사
가는 길

The Road to Goransa

감자 깎다 말고
마중 나가네
아이와 고추잠자리

Stopping mid-peel of the potato,
I go out to greet,
A child and a dragonfly.

서산
한우목장

Seosan
Hanwoo Ranch

천 개의 달이 뜨네
떠나려는 이 발아래

A thousand moons rise,
At the feet of those who leave.

가야산
안개

Fog of
Gayasan

발길 내려놓고
그날을 생각한다
용비동 보현동
꿈에서 만난 봄빛

Setting down my feet,
I think of that day,
Yongbi-dong and Bohyeon-dong,
Where I met the spring light in a dream.

明宗胎室

명종
태실

Myeongjong
Tomb

정원庭苑의 잣나무
꿈일지도 몰라
흐려지는 자두꽃

The pine tree in the garden,
Maybe it's just a dream,
The plum flowers fading.

문수사
봉숭아

—

Bongseonghwa at
Munsusa Temple

봉숭아 옆에서
떠나지 못하네
나그네와 낮달

Beside the balsam flower,
I cannot leave,
With the traveler and the midday moon.

개심사
벚꽃

Cherry Blossoms at
Gaesimsa Temple

창밖 어리는 그림자
나가보니
벚꽃 환해라

The shadow outside the window,
I go out to see,
The cherry blossoms, shining bright.

해설

용현계곡에 내린 뿌리의 섬광

신익선 / 문학평론가 · 문학박사

뿌리다. 김가연의 두 번째 디카시집, 『어느 날 당신이 이 길로 오신다면』의 전체 맥락은 불문佛門의 뿌리를 징검다리 삼아 새로이 분출하는 시대의 뿌리다. '뿌리'를 근간으로 한 '말씀'이다. 그리고 뿌리에 근거하여 개척해 가는 김가연의 삶에 대한 자세와 일상의 태도이다. 김가연은 보잘것없는 '강댕이골' 소나무 뿌리에 놓인 한 줌의 바위 영상影像을 싣고 그 아래 「뿌리」라는 시편을 싣는다. 삶의 길에서 그 길의 근간이 되는 나무의 '뿌리'와 삶의 '뿌리'를 아울러 읽는다.

스쳐 지나치기 쉬운 나무뿌리에서 육신을 낳고 기른 근원, 아버지로 발원하여 '말씀'을 은유하는 빗장을 연다. '말씀'은 생명으로 변용된다. 생명은 생명 자체로 빛을 발하는 생물체이다. 10세기경에 인도 남부 타밀 지방에서 저술된 것으로 추정하는 『바가바타 푸라나』 경전은 푸라나(Purāṇa)라는 산스크리트어로 쓰인 여러

힌두교 문헌 가운데 가장 유명한 성전이며 바가바타파가 신성시하는 문헌이다.

이 경전에서 생명을 정의하길, "생명은 생명의 생명이다."라 하였다. '뿌리'라는 영상에서 영감을 받은 김가연은 이 디카시집에서 목숨의 길, 생명에 천착한다. 세속의 모든 생명은 '뿌리'를 근간으로 한다. 생의 일차적인 '뿌리'는 육친이다. 목숨이라는 생명을 주신 육친이다. 이차적인 '뿌리'는 구도의 신앙을 교시하는 정신적 스승이다. 참 생명은 이 땅에 생명을 주고, 그리고 뭇 중생들에게 생명을 내린다. '뿌리' 영상과 시편은 결국 고요히 뻗어 가는 생명의 길을 써 내려간다.

아버지가
한 생을 내리는 중입니다

낮은 말씀이 장대하기를
굽은 어깨가 아름답기를

바닥을 딛고 일어서는
말씀의 서원입니다

—「뿌리」 전문

빗장을 열면 거기 "낮은 말씀이 장대하기를/굽은 어깨가 아름답기를" 간구하는 새 무릉도원이 펼쳐진다. 그 누구도 본 적 없고 그 누구도 간 적 없는 경이로운 극락極樂의 시공간이 환영처럼 펼쳐지는 새 하늘과 새 땅이다. 용현계곡에서 만나는 부처가 다스리는 땅이다. 하늘빛이 무지개보다 아름다운 부처의 정토다. 『라다크리슈난』에 보면 석가는 임종하면서 제자들에게 말씀을 내린다. "대중들아, 이제 나는 그대들을 떠난다. 존재하는 것은 무엇이나 무상하지 않은 것이 없다. 부지런히 정진하여 자기를 구제하라."

불가에서는 한 인간의 생애를 무상이라 본다. 무상無常이므로 생명이 태어나고 죽고 흥하고 망하는 것이 모두 덧없다는 것이다. 덧없음이 사상으로 승화되어 불가의 사상은 크게 보아 진정한 깨달음을 득하는 일과 일체 생명을 존중하는 그 두 가지로 대별 할 수 있다. 도道나 진여眞如를 정확히 깨닫는 일과 생명을 존귀히 여겨 으뜸으로 삼는 일이야말로 불가의 목적이다. 얼핏 보아 소나무 뿌리에 지나지 않는 영상에서 삶의 뿌리를 보는 일은 진여와 생멸이 하나임을 아는 일이다.

'뿌리'의 궁극은 그리하여 삶과 죽음도 돌무더기 두른 뿌리라는 깨달음에의 환치이다. 땅바닥에 누운 돌무더기와 소나무 뿌리 영상에서 만난 '뿌리'를 김가연은 육친의 '아버지'로부터 생을 받아 성장한 삶의 어느 「여름 천변」과 강댕이골 보원사지 유물 그룹인 「풀밭에 모인 사슴들」까지 포괄하는 시선을 담는다. '뿌리'가 내포하는 서사를 발굴하는 일은 서산 보원사지 유물과 용현계곡의 시공간을 채굴하는 일과 같다. 영상 아래 실린 비교적 장문인 두 편의 시편을 보자.

천변川邊의 미루나무는 물소리를 먹고 자란다

한나절 오다 그친 비가 산 중턱에 서 있다 아이들은 알몸으로 물에 뛰어들었고 봉숭아 꽃씨 같은 별들이 서쪽 하늘에서 빛났다

강물을 거슬러 오르는 귀울림에는 계산이 서툰 분식집이 있고 병명이 달라도 같은 약을 지어주는 약방이 있고 약봉지를 입에 털어 넣는 방죽머리 집 계집아이가 있고 벗어놓은 신발에서 자라는 은사시나무가 있고 그 아래 풀지 않은 이삿짐이 있고 햇살을 받는 봉분이 있다

강물이 두 손을 모은 채 잠이 들고 머릿결을 다듬던 손으로 별자리를 돌리면 살아서 하고픈 말이 죽어서 혼잣말을 했다

강물이 물고기의 흰 뼈를 끌어당긴다 푸른 반점의 아이가 빙하기를 건넌다

—「여름 천변」 전문

사슴의 무리가 풀밭에 모였다

길에도 귀가 있다고 믿는 아이들은 사철나무 잎 같은 귀를 열어 둔 채 애써 잠이 들고 어린 새들은 저녁 하늘을 곧잘 물어오기도 하였다

그해 봄 사슴들은 달의 문장을 베껴 쓰며 젖은 귀를 말렸다
미열의 별들은 아무 자랑도 되지 못한 채 원시림 속으로 떠나고
쓰다 만 문장들은 사슴의 귓속말이 되었다

무용한, 무용한, 무용한 이름, 변방의 별, 변방의 사슴들

봄날을 넘기다 말고 풀밭에 모인 사슴들은 한동안 바람의 증언이 되었다

—「풀밭에 모인 사슴들」 전문

용현계곡에 흐르는 물길을 모아 소형의 모형 배를 띄운 영상이 실린 디카시 「여름 천변」은 망자亡者의 서사를 품는다. 한여름철, "천변의 미루나무"가 "물소리"를 주식으로 성장하듯이 "봉숭아 꽃씨 같은 별들이" 떠 있는 정황이므로 초저녁 무렵, 아이들은 멱을 감으며 성장한다. "아이들은 알몸으로 물에 뛰어"든 한여름철 멱을 감는 풍경이 그것이다. 3연에 이르러 '아이들' 중에서 한 아

이의 서사가 유독 시적 화자의 중심에 똬리를 튼다. "방죽 머리 집 계집아이"다. 아이가 "벗어놓은 신발"에서 "은사시나무"가 자란다고 한다. 더 이상 신발의 주인이 없다는 것이다.

아마도 신발을 벗어놓은 아이가 어디론가 이사를 떠나는 시점이었을 것이다. '은사시나무' 아래, '풀지 않은 이삿짐'이 있다고 한다. 이삿짐 옆에 '햇살 받는 봉분'이 나온다. 이삿짐과 봉분은 동일체다. 떠나감과 죽음을 상징한다. '계산이 서툰 분식집'에서 일터를 잡은 '아이'가 '약봉지'를 입에 털어 넣고 '강물'을 거슬러 올라갔으므로 이 시편은 '죽음'이 은유 된 강변, 곧 '천변 풍경'의 죽음을 그린 풍경화다. 쓸쓸하고 슬픈 표정이다. 한여름철 천변에서 일어난 죽음 스케치다.

위 시편 4연에 이르러 "하고픈 말이 죽어서 혼잣말"하는 광경을 목도하고 듣는 일이 시인의 몫이다. 그리하여 시인의 일이란, 또는 삶의 일이란 겨우, "강물이 물고기의 흰 뼈를 끌어당겨" 가거나, "푸른 반점의 아이가 빙하기를 건"너는 일을 보는 일이다. 무력하다. 시인은 그저 삭아 문드러진 "흰 뼈를 끌어당"기며 "푸른 반점 아이가 빙하기를 건"너는 것을 지켜보기만 할 뿐이다. '아이'의 등장과 죽음이 등장하는 이 시편에서 '아이'는 세속을 살아가는 제유諸有, 곧 중생衆生의 모습이다.

「풀밭에 모인 사슴들」은 용현계곡에 자리한 보원사지 발굴 유물들이 일렬로 자리한 영상이 실렸다. 흡사 관棺이 일렬종대로 누워 있는 듯한 영상이다. 보원사지 발굴 과정에서 출토된 유물들의 집합이다. 김가연은 이를 보고 전광석화처럼 '풀밭의 사슴'이라 읽는다. 그래서 "사슴의 무리가 풀밭에 모였다//길에도 귀가 있다고 믿는 아이들은 사철나무 잎 같은 귀를 열어 둔 채 애써 잠이 들고 어린 새들은 저녁 하늘을 곧잘 물어오기도"하는 걸 눈으로 보고 쓴다. "길에도 귀가 있다"라는 시적 표현은, 시적 사유의 풍미를 더해주는 문장이다. '아이들'과 '어린 새'들은 동격이다.

"봄 사슴들은 달의 문장을 베껴 쓰며", "미열의 별들이 원시림 속으로 떠나갈 때"이다. 그때 "쓰다 만 문장들은 사슴의 귓속말"이 되었는데, 그 말, "사슴의 귓속말"은 무슨 말이었을까? 궁금증을 증폭시키는 시어의 비밀은 다음 행에서 해갈된다. "무용한, 무용한, 무용한 이름, 변방의 별, 변방의 사슴들"이다. '무용하다'라는 이것, '무용한'의 반복이야말로 시를 쓰며 살아가는 시인 자신의 허무하고 괴로운 자조이거나 아픔이 어린 독백의 일종이다. 뭇 중생들의 염원을 수납하던 보원사지 석물들도 시간이 지나가면서 '무용한'을 외쳤을 것이다. 쓸데없다는, '무용한'의 불필요를 인지하였을 것이다.

소위 인과因果에 의한 모든 인연과 모든 현상은 무상하며 덧없다는 것이다. 환호도, 고통도, 모든 일은 지나감으로 그만이다. '무용하다.' 석물도 인생도 '무용한' 것이고 덧없는 것이다. 우주 만물의 모든 현상을 인연으로 풀이하고 있는 불교는, 이천 육백여 년 전,

싯다르타가 보리수나무 밑에서 최정각最正覺를 성취하여 '붓다'의 지위에 나아가 곧, '샤아캬무니' 부처라 숭앙하였다. 때는 싯다르타 35세 되는 해, 2월 8일, 이를 『아함경』에 묘사하고 있다. 최정각의 부처도 지나가셨다.

이천 육백여 년의 성자, 부처는, 불교 최초로 게송을 남겼다. 싯다르타, 곧 부처의 게송이다. "나의 얻은 지혜는/미묘하고 또 깊어라/어리석은 중생들은 오욕과 사견으로/나고 죽는 흐름을 따라/그 근원을 모르나니,/이러한 사람들을 어떻게 건져내리"(『아함경』)였다. 석가의 말씀도 결국 근원, 곧 '뿌리'를 모르는 삶에서, 무용하지 않은 것이 없는 삶, 무용하기만 한 유물들을 김가연은 '봄 사슴'이라 호명한다.

연속하여 이어지는 '무용한'은, "무용한 이름, 변방의 별, 변방의 사슴들"에게까지 전이된다. '변방의 이름'과 '변방의 별', '변방의 사슴들'은 보원사지 유물뿐만이 아니다. 말씀의 길은 낸 성현은 물론이고 이승을 터전으로 살아가는 세속의 사람들이 모두, "봄날을 넘기다 말고 풀밭에 모인 사슴들은 한동안 바람의 증언"을 듣는다. 증언은 사실을 말하는 일이다. 보원사지 유물들은 "풀밭에 모인 사슴들"이라는 증언이다. 사슴은 순한 눈망울과 고고한 멋을 지닌 사랑스러운 동물이다. 보원사지 유물들의 모습이 그렇다는 것이다. 오직 시인만이 그를 보고, 듣고, 기록한다. 이는 김가연의 다른 시편, 「돌탑을 쌓는 사람」, 「달꽃」에서도 유사하다.

돌탑을 쌓는다 돌은 돌을 받들고 새로운 돌이 된다
햇살이 쏟아진다 심장이 뛰고 피돌기를 한다

돌은 돌이 되고 서로의 숨소리를 듣는다

한 덩어리 침묵을 들어 올린다 돌은 가벼워지고 돌은 보이지 않고 돌이 앉았던 자리가 빛나고 새가 날고 돌은 돌을 받들고

돌이 자라고 이끼가 자라고 몇 번이고 다시 자란 돌이 차오르고 돌을 나르는 이도 없는데 돌탑을 쌓고

돌은 돌을 받들고 서로의 숨소리를 듣는다 돌을 쥔 당신의 손금이 빛난다

—「돌탑을 쌓는 사람」 전문

산 새 울어
눈 뜨는 물고기

용현의 달꽃

—「달꽃」 전문

용현계곡 보원사지의 5층 석탑 영상 아래 실린 시편이 「돌탑을 쌓는 사람」이다. 이 시편에서 주인공은 “돌탑을 쌓는 사람”이 아니다. “돌은 돌이 되고 서로의 숨소리를 듣는다//한 덩어리 침묵을 들어 올린다 돌은 가벼워지고 돌은 보이지 않고 돌이 앉았던 자리가 빛나고 새가 날고 돌은 돌을 받들고”로 연속하여 이어지는 ‘돌’이다. ‘돌탑’를 쌓는 주체는 오로지 ‘돌’이다. 그뿐만 아니라 “돌이 자라고 이끼가 자라고 몇 번이고 다시 자란 돌이 차오르고 돌을 나르는 이도 없는데 돌탑을 쌓고”에서 보듯이 ‘돌탑’의 주제는 석탑이 아니라 “당신의 손금”이다. 이 시편 전체에서 유일하게 사랑의 온도를 전해주는 ‘손금’의 등장으로 이 시편은 막연하고 모호한 개념을 따스함으로 환원시킨다.

더 나아가 “당신의 손금”은 어느 개인을 지칭하는 게 아니다. “돌을 받들고 서로의 숨소리를 듣는” 일은 절대성을 지닌 깨달음의 궁극, 깨달은 자, 부처만이 가능한 일이다. 그러니까 이 시편에서 돌탑은 보원사지에 서 있는 석탑을 영상물로 내세웠으나 기실은 영원한 ‘말씀’의 ‘돌탑’을 의미한다. 시 「돌탑을 쌓는 사람」은 그러므로 그 주체나 의미가 비밀리에 숨겨져 있는 인간의 숨어 있는 영성靈性에 관한 기록이라 하겠다.

한편, 초봄에 막 벙그는 벚꽃봉오리 영상이 담긴 시편, 「달꽃」은 하늘에 뜬 달을 지상으로 모셔 내려온 작품이다. 때는 봄이다. 봄버들 피고 난 뒤, 벚꽃봉오리가 꽃망울 틔우기 시작한다. 벚꽃

봉오리 꽃망울이 용현계곡 물 위에 뜬 영상을 포착하여 '달꽃'이라 하였다. "산 새 울어/ 눈 뜨는 물고기"에서 보듯이 '달꽃'을 피우느라 겨우내 '산새'가 울었다. 그 '산새' 울음 소릴 듣고 조응하는 사물이 있었다. '물고기'다. 잠들지 않는 물고기가 눈을 뜨는 일은 여느 일로는 불가능하다. 산새 울음을 들을 때만이다. 그때 용현계곡에 사는 물고기가 눈을 뜬다. 산새 울음과 물고기가 눈을 뜨는 것을 감지한 사물은 '달'이다. 하늘에 뜨는 달이 그를 감지해 내고는 꽃망울 벙근 벚꽃을 피우고 마침내 '달꽃'을 지상에 내려놓는다. 지상의 습속을 초월한 중력의 하중이 실린 「달꽃」 시편 역시 무한한 신비로움이 감도는 형상을 띤 작품이다. 제자들에게 설법하시는 부처의 영상을 스크린에서 마주하듯 회상하게 하는 이 시편, 「달꽃」은 불가의 연꽃을 대신하면서 경이로운 세계로 진입하게 하는 통로로 이어짐이 명확하다. 김가연의 「서산용현리마애여래삼존상」 작품도 이에 준한다.

부화한 나뭇잎 온 산 메아리쳐
가야산에 번지는 꽃불
천년을 피었다 지고
다시 피는 진달래

— 「서산용현리마애여래삼존상」 전문

마애여래삼존상 영상을 싣고, 그 아래에 쓴 작품, 「서산용현리 마애여래삼존상」은 보원사지 폐사지와 함께 용현계곡을 상징하는 국보이다. 관광명소로도 유명한 마애여래삼존상은 국보 제84호로 지정되었다. 백제 말기에 제작된 불상으로 미소를 띠고 있는 여래입상을 중심으로 좌우에 보살상이 자리 잡고 있다. 백제 역사에서 마애여래삼존상이 건립된 시점은 이 무렵 중국의 왕조였던 북위北魏와 연관성이 있다.

북위는 선비족鮮卑族 탁발씨의 후예인 규珪가 세운 나라였는데 북위나라 효명제를 독살한 호태후는 어린 아들을 제위에 올려놓고 사찰 건립에 전념하다가 과다경비 지출이 화근이 되어 반란군에 의해 어린 황제와 물에 빠져 생을 마감하며 정권을 빼앗긴다. 그 후 나라는 꼭두각시 북위 황제들이 등극한 후 망한다(548년). 이 무렵에 성행하던 불교 불상이 태안을 거쳐 서산 용현리에 뻗어 일세를 이루고 마침내 용현계곡을 상징하는 동시에 백제의 미소를 웅변하는 마애여래삼존상으로 자리하였을 것이다.

김가연은 미소 띤 마애여래삼존상이 모셔진 강댕이골의 나뭇잎들도 알처럼 부화하여 나무를 감싼다고 한다. 용현계곡의 포란抱卵이다. 또 "부화한 나뭇잎 온 산 메아리" 친다고 한다. 그 메아리를 들은 "가야산에 번지는 꽃불"이 "천년을 피었다 지고/ 다시 피는 진달래" 만발한 서해안의 고산준령, '가야산 꽃불'을 낸다고 본다. "가야산 번지는 꽃불"이나, "천년을 피었다 지고/ 다시 피는 진달래"는 모두 이승과 저승 삶의 신비롭고 자애로운 마애여래삼존상 미소를 머금은 물상이면서 현세現世에 오셨다가 가시는 마애삼존상 중앙에 계신 '여래타불'의 환영이 전개된다. '존재'의 스쳐지나침을 쓴 시편들인, 다음 시편들을 보자.

> 꽃은 서쪽으로 당신은 북쪽으로 흘려보내는 전생의 붉은 옷깃 사이 나는 다시 태어난다 나는 천천히 흐른다 어제의 수맥을 따라 심해로 가라앉는다 흐린 빛을 간직한 채 젖은 날개를 접은 채 아직 아무것도 아닌 채
>
> 풀이 자라고 풀이 기도하고 풀이 일어난다 내게 들어와 살던 것들이 함께 일어난다 숲이 흔들리고 꽃이 수런댄다 누군가 나를 공중으로 집어던진다 무위에 누워 흘러간 물소리 듣는다 다음 생은 거기에 이번 생은 여기에 나비가 그려놓은 피안의 봄을 읽는다
>
> —「냉이꽃에 앉은 나비」 전문

> 그림자 따라 걷는 날이 있었다
> 돌아와 누으면 벽이 눈을 떴다
> 벽에는 포도밭이 있고 느티나무 있고 기린이 있고 깊은 허공이다
> 손 뻗으면 허공이 손 내밀었다
> (사실 그것이 허공인지는 아직도 모른다)

허공이 나를 들어올린다
나는 애인의 손을 잡는다 애인의 손을 잡고 허공에 경배한다

허공에는 문이 없다

다만 떨어져 나간 꽃잎과 허공이 손잡았으므로

꽃이 노래한다 꽃이 춤춘다 꽃이 나를 부른다 꽃이 나를 때린다
허공에서 꽃이 피고 허공에서 달이 뜨고 허공에서 별이 진다 허공이 허공의 손을 잡는다

허공이 나를 가둔다

비가 내리고 왼손잡이 애인이 떠났다 나는 왼쪽을 잃은 채
빗소리를 더듬는다
나는 좀 더 어두워지기로 한다

멀리 눈 내리고
새로 시작한 단어들이 허공에서 자란다

이제 우리는 우리라는 말로 연결되지 않는다

—「그것이 허공인지도 모르고」 전문

"숲이 흔들리고 꽃이 수런댄다 누군가 나를 공중으로 집어던진다" '나'를 집어던지는 강력한 존재, 절대자가 등장하는 이 시편, 「냉이꽃에 앉은 나비」의 제재는 '나비'가 아니다. 그럼, 누구일까? "꽃은 서쪽으로 당신은 북쪽으로 흘려보내는 전생의 붉은 옷깃 사이" 탄생하는 '나'이다. '나'는 이 시편의 주어다. '나비'는 잠깐 스쳐 지나치는 형상을 표현할 뿐이다. 태어나 살아가는 나의 일상이란, "나는 천천히 흐른다 어제의 수맥을 따라 심해로 가라앉는다 흐린 빛을 간직한 채 젖은 날개를 접은 채 아직 아무것도 아닌 채", '아무것도 아닌' 존재로 살아가는, 살아내는 일이다. 더욱이 김가연의 삶에 대한 시각은 이 시편에서 "무위에 누워 흘러간 물소리 듣는" 일이라고 한다.

무위無爲는 인위人爲의 반대 개념이다. 이는 중국 도가道家의 핵심 용어이면서 불가에서는 현실을 초월하여 상주常住, 곧 생멸生滅을 초월하여 늘 존재하는, 불변의 존재를 뜻한다. '무위'에 누웠다는 것은 그러므로 생사를 초월한 존재의 모습을 현현한 시어다. '물' 역시 노장사상의 핵심 개념이다. '무위'와 '물'의 조합은 불가의 공空 사상에 접목된다. 곧 세상의 모든 일은 인연에 따라 발생된 가상假相이며 영구불변의 실체가 없음을 이르는 용어이다. 현실을 초극하는 일은 그때 촉발되어, "풀이 자라고 풀이 기도하고 풀이 일어나"는 일은 '무위'에서만 가능하다. 「냉이꽃에 앉은 나비」는 일순의 순간에서 영원을 포착하는 안광이 더해져야 파악할 수 있는, 공空의 세계, 피안의 세계에 대한 기록이며 이는 「그것이 허공인지도 모르고」 시편에서 더더욱 심화하여 나타난다.

「그것이 허공인지도 모르고」 시편은 일종의 게송偈頌이다. "그림자 따라 걷는 날이 있었다/돌아와 누으면 벽이 눈을 떴다/벽에는 포도밭이 있고 느티나무 있고 기린이 있고 깊은 허공이다/손 뻗으면 허공이 손 내밀었다"라는 표현은 부처의 공덕을 칭송하는 노래인 게송과 매우 유사하다. '그림자'가 길이 되는 순간이 있다. '벽'이 눈을 뜨는 일도 있다. 벽에 포도밭, 기린, 허공이 있다. 허공이 손을 내미는 일도 있다. 하나같이 불가해한 시어의 조립이다. 모두가 '허공'이기에 가능하다. 텅 빈 허공은 공간이 아니라 충만한 모두이자 생존하는 생명의 일체이기 때문이다.

생명의 일체는 기실 생성의 철학과 사랑이라는 깨달음의 내용과 깨달음의 실천을 중시한 불교의 존재론적 담론 중 하나이다. 허공은 단순히 허공이 아니다. 오로지 공의 세계를 자각한 개안開眼만이 "멀리 눈 내리고/새로 시작한 단어들이 허공에서 자라는" 일을 목격할 수 있는 것이다. 자각한 개안만이 아니다. 시원始原을 초월한 시인의 시안詩眼은 현상을 초월하여 너머의 우주와 조우한다. 일종의 시적 유탈이다. 시적 유탈은 육체 이탈처럼 세속의 현상을 탈피하여 전율 가득한 새 빛, 새 꿈, 새 나라를 만지는 일이다. 신령하고 비밀스러우며 오묘한 새 우주의 진입이다. 비록, "바람이 용현을 지나간다/용현이 당신을 지나간다"(「솔바람길」 전문)

와 같이 모든 게 그저 지나가고 마는 것이라 하더라도 김가연 시인은 이 시집의 서두를 장식하는 '뿌리'가 성장하고 뻗어가는 토양을 창조한다.

결국, 김가연은 이번 디카시집을 통하여 무엇보다 '뿌리'를 중시하면서 서산용현계곡의 보원사지와 마애여래삼존상을 존재의 '뿌리'로 정의하는 영상을 실어 단문의, 혹은 탁월한 시적 형상화를 이룬 장문의 시편인 '말씀'을 진설한다. 시편에 드러나는 김가연의 시적 사유의 진동과 광폭은 마력의 예언을 방불케 한다. 시시콜콜하거나 잡다한 일상어가 아니다. 촌철살인寸鐵殺人, 예언자의 횡설수설, 광풍노도狂風怒濤, 태풍의 눈을 휘몰아쳐 댄다. 그리하여 새롭고 새롭다.

김가연 시인의 시편은 언제나 새롭다. 페이지마다 말씀을 내는 영상과 시편들의 조합으로 이루어진 시집은 전체가 아우러져 채색된 새로운 '뿌리', 새로운 '말씀'으로 신비하다. 김가연 시집을 읽으면 뜨겁게 가슴을 휘어잡는 소용돌이가 휘몰아쳐 온다. 용현계곡에 내린 뿌리의 섬광이 번뜩인다. 바로 이 점이 김가연의 시문학이 왜 이 어수선한 시대, 대한민국에 디카시집으로 출간, 소용되는가 궁구할 수 있는 하나의 단서라 하겠다.